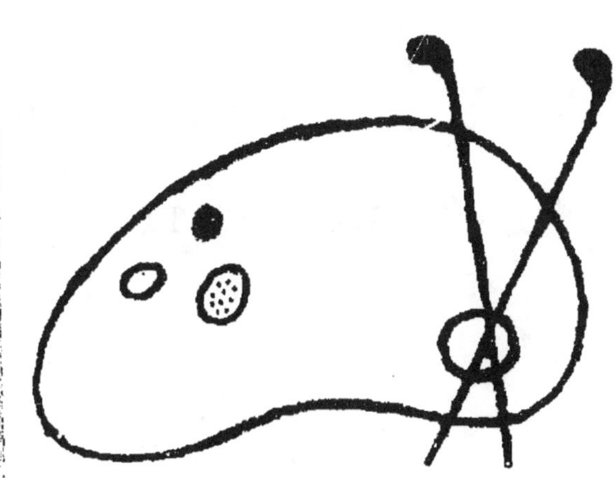

Début d'une série de documents
en couleur

NOTES

ANTOINE LE CORVAISIER

DE COURTEILLES

ET SUR

SON HISTOIRE DES ÉVESQVES DV MANS

Par L. de LA SICOTIÈRE

MAMERS

G. FLEURY ET A. DANGIN, IMPRIMEURS-ÉDITEURS

—

1888

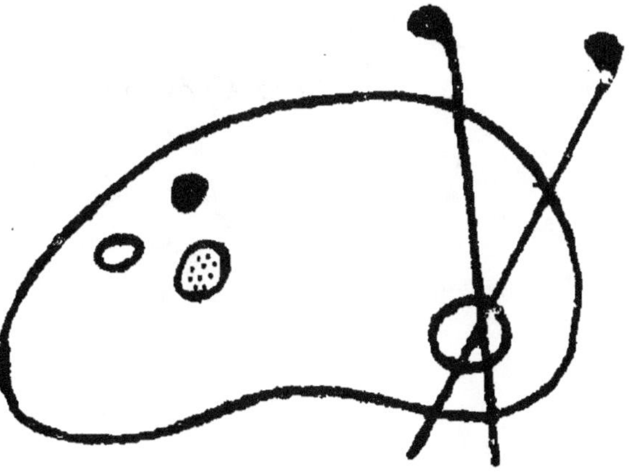

Fin d'une série de documents
en couleur

À M. L. Delisle
de l'Institut, etc.

Hommage de l'auteur

L. D. L. S.

Antoine Le Corvaisier de Courteilles

D'après un portrait appartenant à la Société
d'Agriculture Sciences et Arts de la Sarthe

NOTES

SUR

ANTOINE LE CORVAISIER

DE COURTEILLES

ET SUR

SON HISTOIRE DES ÉVESQVES DV MANS

Par L. de LA SICOTIÈRE

MAMERS

G. FLEURY ET A. DANGIN, IMPRIMEURS-ÉDITEURS

—

1888

NOTES

SUR

ANTOINE LE CORVAISIER

DE COURTEILLES

ET SUR

SON *HISTOIRE DES ÉVESQVES DV MANS*

I

L'*Histoire des Evêques du Mans*, par Antoine Le Corvaisier
de Courteilles, est un des *classiques* de l'histoire du Maine.
Nous ne voulons certes pas dire, en employant cette expres-
sion, que l'ouvrage, sous le rapport du style, soit d'une
élégance ou d'une correction remarquable, ni qu'au fond,
il offre une érudition forte et variée, une critique toujours
saine, des vues toujours sûres. Ce n'est pas ici le lieu de
discuter les opinions de Le Corvaisier sur certains points
importants, notamment sur l'époque où saint Julien serait
venu évangéliser le Maine. Ces cpinions furent contredites
de son vivant ; elles l'ont été depuis ; elles le sont encore
par nombre de personnes éminentes en science et en piété.
Il n'en reste pas moins acquis que Le Corvaisier est un des
plus anciens et des principaux historiens du Maine. Il avait
vu et su beaucoup de choses. Il est cité partout. Son livre
est dans toutes les bonnes bibliothèques de la province et
même des pays voisins, et se paie assez cher à l'occasion.

Sous ces rapports, du moins, il peut être rangé parmi les *classiques* de l'histoire du Maine.

La vie de Le Corvaisier est beaucoup moins connue que son ouvrage. Tout ce qu'on en savait jusqu'ici, c'est qu'il était né au Mans, qu'en 1637 il était conseiller au siège présidial de cette ville, et lieutenant criminel au même siège en 1648, date de la publication de l'*Histoire* (1). Une heureuse fortune ayant réuni en nos mains certains documents précis et authentiques sur ce personnage, nous espérons que les curieux de l'histoire du Maine nous sauront quelque gré de les publier, si obscurs qu'ils laissent encore plusieurs points de sa biographie. C'est, d'ailleurs, une sorte de restitution que nous faisons aux confrères, érudits autant qu'obligeants, à qui nous en devons la communication désintéressée (2).

II

Antoine Le Corvaisier était né au Mans, le 13 mai 1608. C'est, du moins, la date de son baptême dans l'église paroissiale, aujourd'hui supprimée, de Saint-Pierre-de-la-Cour ou Grand-Saint-Pierre (3).

(1) Le Paige, *Dictionnaire du Maine*, t. II, p. 245 ; — Renouard, *Essais historiques et littéraires sur la ci-devant province du Maine*, t. II, p. 99 ; — N. Desportes, *Bibliographie du Maine*, I, p. 364 ; — Lepelletier (de la Sarthe), *Histoire complète de la province du Maine*, t. II, p. 11 ; — B. Hauréau, *Histoire littéraire du Maine*, t. III, p. 442 de la 1re édition, (1845) ; article reproduit textuellement dans la seconde (t. VII, p. 121). C'est par erreur que dans ces deux éditions, l'année 1643 est indiquée comme date de la publication. Le privilège est du 11 décembre 1645 ; l'impression fut terminée le 29 novembre 1647 ; le livre ne parut qu'en 1648, seule date que porte le frontispice.

(2) MM. l'abbé Esnault, Brière, Henri Chardon, Ernest de Courtilloles et G. Fleury, tous membres de la *Société historique du Maine*. Un autre membre de la Société, M. Bellée, de regrettable mémoire, avait également ment secondé nos recherches.

(3) « Le 13 may 1608, Anthcine filz de noble hoe Jacques Corvasier, conser du Roy au siège présidial de ceste ville et de damoyselle Suzanne

Il était d'ancienne et bonne famille.

Son père, Jacques Le Corvaisier, — il n'ajoutait pas encore à ce nom celui de Courteilles, — était noble. Il était, lui aussi, conseiller au présidial du Mans. Devenu veuf, il entra dans les ordres (1).

C'était un homme lettré, comme le prouvent l'épitaphe de l'évêque Charles de Beaumanoir de Lavardin et une épigramme sur le livre de son fils qui donne ces deux pièces (2).

La mère d'Antoine, Suzanne Vasse, était également d'ancienne et noble famille. Les Vasse, seigneurs de Courteuvre en Villaines-la-Juhel (Mayenne), furent maintenus ou réintégrés dans leur noblesse par lettres-patentes du 3 août 1651. Ils furent, eux aussi, conseillers et lieutenants criminels au présidial du Mans et dignitaires de l'Église (3).

Vasse, son espouse, fut baptizé par moy, curé soubsigné. Parin, vénb^{le} et discret Me André Vasse, doyen de ceste église s^{ct} Pierre ; Marenne, damoyselle Marie Corvasier, femme de mons^r le Pr du Roy de ceste ville.» Signé : Gesmerye.

(Paroisse de Saint-Pierre-de-la-Cour. Communication de M. l'abbé Esnault).

(1) M. Hauréau (t. IV, p. 321) suppose que ce Jacques Le Corvaisier de Courteilles qui, dans les vers que nous citerons tout à l'heure, adressés à Antoine, se qualifie de « *vostre meilleur et plus affectionné père... prestre indigne* », n'était pas le propre père, mais un des grands parents d'Antoine et que la paternité qu'il invoque ici n'était qu'une paternité spirituelle ou d'affection. En réalité, c'est bien de l'ancien magistrat, devenu prêtre, qu'il s'agit. Il avait été baptisé le 1er novembre 1578 ; il avait épousé le 22 août 1604, Suzanne Vasse ; il mourut le 24 mars 1646 sur la paroisse Saint-Nicolas du Mans et fut inhumé dans le grand cimetière. N. Desportes, de ce père d'Antoine a fait un fils.

Jacques était fils de Julien Le Corvaisier, sieur du Plessis, et de Marie du Breil.

(2) P. 885 et feuillets liminaires. — Toutes deux sont fort courtes et d'un tour très alambiqué. M. Hauréau a fait à Jacques Le Corvaisier l'honneur de lui donner une place dans son *Histoire littéraire du Maine*, t. IV, p. 321.

(3) V. sur la famille Vasse, Le Paige, V° *Villaines-la-Juhel*, et Le Guicheux, *Le château de Chasseguerre, les seigneurs de Belin et d'Averton*, Fresnay, 1883, in-8°.

Armoiries des Vasse : *d'azur à la fasce d'or, chargée d'une aigle*

D'où venait aux Le Corvaisier le nom de Courteilles ?
Probablement de la possession d'une terre. Où cette terre
était-elle située ? Nous ne saurions le dire avec une certitude
absolue. Les localités du nom de Courteilles sont fort com-
munes en France et particulièrement dans la Sarthe. M. l'abbé
Esnault croit que les Le Corvaisier étaient propriétaires du
fief de Courteilles dans la commune de Coulans, où se trouve
aujourd'hui une maison de construction moderne (1), et nous
partageons cette opinion.

*éployée de sable, accompagnée de 3 étoiles d'argent, 2 en chef et 1 en
pointe.*

(1) Cauvin, *Statistique de l'arrondissement du Mans*, p. 122 ; — Pesche,
Dictionnaire topographique, historique et statistique de la Sarthe, v°
Coulans. Ce dernier auteur (v° *Doucelles*) attribue aux Le Corvaisier la
seigneurie de la terre de Courteilles, dans la commune de Doucelles. C'est
une erreur : cette seigneurie, au temps de Le Corvaisier, appartenait à la
Maison de Faudoas-Sérillac, et depuis des siècles à son ascendance.
(Archives du château de Sérillac).

D'autres fiefs de Courteilles sont signalés : dans la commune de Sainte-
Sabine, celui-ci propriété des Le Court, sieurs de Frédebise ; (Cauvin,
Essai sur l'Armorial du diocèse du Mans, v° *Court (Le)* ; — Pesche, v°
Sainte-Sabine ;) dans celle de Brains (Cauvin, *Ib.* v° *Brains*) ; un autre
encore appartenant aux Le Clerc de Juigné (notes de M. de Courtilloles).
Enfin, Cauvin (*Géographie ancienne du diocèse du Mans*, v° *Curtillæ*)
mentionne l'existence ancienne de plusieurs *Curtillæ* (Courteilles).

Nous connaissons quatre localités de ce nom dans le département de
l'Eure, et quatre dans celui de l'Orne : l'une, faubourg d'Alençon, une
autre, commune de l'arrondissement d'Argentan, la troisième en Saint-
Fraimbault-sur-Pisse (dépendant autrefois du diocèse du Mans), enfin, la
quatrième dans la commune de Suré à cinq kilomètres de Mamers. Ce dernier Courteilles, aujourd'hui propriété de M. G. Fleury, appartenait jadis
aux Guestre de Courteilles.

Cette famille fournit au bailliage de Mamers, pendant près de deux
siècles, une succession de lieutenants généraux (Notes de M. de Courtilloles et de M. Fleury). Ils étaient probablement alliés aux Vasse, car ils
possédaient, en 1673, la terre, fief et seigneurie de Planches, près Mamers,
qu'ils tenaient de Geneviève Boivin, veuve de Jacques de Chambes, comte
de Montsoreau, et la sœur de cette dame, Marie Boivin avait épousé Vasse,
seigneur de Sablés ; cette dernière étant morte sans enfants, son héritage
passa à la fille de Geneviève.

Les Guestre de Courteilles étaient une branche de la famille Guestre de
Préval, de la Matrassière, etc., qui a donné un abbé à l'abbaye de
Perseigne. (Notes de M. G. Fleury.)

Les Le Corvaisier possédaient, en outre, la châtellenie d'Oustillé, qui passait pour la plus ancienne du Maine, pour moitié, et la terre seigneuriale de la Fontaine-Vaumorin dans la même commune de Saint-Mars ; elles leur provenaient de Marie du Breil, épouse de Julien Le Corvaisier, sieur du Plessis, d'abord avocat, puis conseiller au Présidial du Mans, père de Jacques et ayeul d'Antoine (1). Les du Breil en étaient eux-mêmes possesseurs avant 1489, époque où ils en rendaient aveu (2). Le père de Marie avait été receveur du domaine. L'ancien château d'Oustillé, assez fort au moyen-âge, a été remplacé par une jolie construction moderne.

Les Le Corvaisier de Courteilles appartenaient-ils à la même famille que les Le Corvaisier de Bretagne et d'Anjou, dont plusieurs se sont fait un nom dans les lettres (3) ? Rien n'autorise à le croire. Il est plus certain qu'ils étaient alliés des du Bellay (4).

Du mariage de Jacques avec Suzanne Vasse, naquit un autre enfant, Marie, qui épousa Jacques Aubert, conseiller au Présidial du Mans (5).

(1) *Histoire des Evêques*, p. 827 ; — *Mémoires* de Nepveu de la Manouillère, t. II, p. 269.

(2) Autres aveux par les Le Corvaisier en 1603 et 1659 ; autre par Marie Le Feuvre, veuve d'Antoine, en 1663. (Le Paige, vº *Mars d'Oustillé (S.)* ; — Cauvin, *Essai sur la statistique de l'arrondissement du Mans*, p. 76 ; — Pesche, vº *Saint-Mars-d'Outillé*.)

(3) M. C. Port, *Dictionnaire historique, géographique et biographique de Maine-et-Loire*, vº *Le Corvaisier*. N. Desportes croyait que les deux familles n'en faisaient en réalité qu'une seule ; M. Hauréau, t. IV, p. 321, est d'un avis contraire.

(4) *Histoire des Evêques*, p. 827.

(5) Baptisée dans l'église du Grand-Saint-Pierre, le 17 mars 1610. « Parrain, noble Michel Vasse, lieutenant criminel de la sénéchaussée du Maine ; marraine, demoiselle Marie Joubert, femme de M. le Président à ce siège ». Elle n'avait donc que 15 ans lors de son mariage (5 septembre 1625). Elle eut un fils, né au Mans, le 30 mai 1626, qui devait, lui aussi, être conseiller au Présidial du Mans en 1653, puis lieutenant criminel en 1661, en remplacement de son oncle Antoine Le Corvaisier. (Communication de M. l'abbé Esnault).

Nous n'avons pas de détails sur les premières années d'Antoine, mais nous savons qu'il dut faire de bonnes études classiques. Il s'essaya, en effet, dans la poésie française et même dans la poésie latine (1). Il semble aussi qu'il sût

(1) Voici un sixain de sa composition, imprimé avec d'autres pièces laudatives, en tête de l'ouvrage suivant : *Les divins trophées de la Croix du Sauveur plantés sur les ruines de l'idolâtrie de l'empire japonois, par les protho martyrs séraphiques de l'ordre du grand sainct François, depuis peu crucifiés à Nangazaqui, et composés par le R. P. F. François d'Orléans, Gardien du couvent des PP. Cordeliers Réformés du Mans. Au Mans, chez Gervais Olivier, 1634, in-8°.*

« SIXAIN.

Autres fois sainct Thomas, d'un esprit Prophétique,
Dit allant visiter le Docteur séraphique,
Laissons écrire au Sainct la vie d'autres saincts :
D'Orléans aujourd'huy, sur cette conjecture,
Que ta plume s'occupe à de mesmes desseins,
Puis-je pas t'appeller un sainct Bonaventure ?

» Par monsieur le Corvasier, sieur de Courteilles, conseiller du Roy au siège Présidial du Mans ».

Et deux pièces latines en tête des *Mémoires des Comtes du Maine*, par Pierre Trouillart, sieur de Montferré, advocat au Mans. Au Mans, par Hiérome Olivier, imprimeur près S. Julien, et Paris, Libert, 1643, in-12.

« *Ad illustrissimum et reverendissimum Henricum Ludovicum Castaneum de la Roche-Pozay, Episcopum Pictaviensem, et Abbatem Cœnobii S. Petri de Cultura.*

IAMBI

« Doctrina, pietas, gloria et virtus, tibi
Struxere (Magne Præsul) æternos lares :
Sed ad perennis pompam et ornamentum domus
Ne quid deesset : ecce fumosas patrum
Imagines in atriis longo ordine
Tibi collocandas, autor in donum obtulit.

» Antonius LE COURVAISIER DE COURTEILLES, Regius
in Curia præsidiali Cenom. Consiliarius ».

ALIUD.

« Æternum durabit opus ; Mons-Ferreus illud
Muniit, et custos Rupiposæus adest.

Idem A. LE COURVAISIER DE COURTEILLES ».

Nous éprouvons toutefois, un scrupule au sujet de l'attribution du sixain. Ce Le Corvaisier, qui ne prend pas de prénom, ne serait-il pas Jacques qui rimait volontiers et dont ce sixain rappelle un peu la manière prétentieuse et quintessenciée ? Antoine n'avait que 26 ans en 1634.

l'italien, à en juger par certaines citations qui se rencontrent sous sa plume.

Il entra fort jeune dans la magistrature. En 1634, ou du moins en 1637 (1), il est déjà conseiller au Présidial du Mans ; peut-être son père avait-il résigné en sa faveur. En 1648, il était devenu lieutenant criminel, sans doute aussi par la résignation de son oncle Jean Vasse qui avait obtenu cette fonction vers 1615 et l'occupait encore en 1646.

Antoine épousa Marie Le Feuvre, fille de Guillaume Le Feuvre, écuyer, sieur de la Butte, qui prenait le titre assez compliqué de « Président-bailly-juge-royal civil et criminel de Sonnois et Peray », et de Marie Le Pelletier (2).

(1) Pesche, t. III, p. 420.

(2) Guillaume Le Feuvre était né le 12 juin 1593, de Guillaume, bailli de Sonnois, et de Charlotte du Tronchay. (Registres de l'état civil de Mamers.) Il mourut le 20 mai 1650, et sa veuve le 1er novembre 1653.

Ils avaient eu plusieurs autres enfants.

MARGUERITE, qui épousa René du Hardaz, écuyer, seigneur de Courtilloles, le 14 juin 1648. Ils furent séparés de biens le 11 décembre 1653, à raison de poursuites criminelles exercées contre René. Elle mourut à Courtilloles, le 29 janvier 1672. Ses biens firent retour à ses frères et *sœurs, car elle n'avait point d'hoirs directs. René institua Léonor du* Hardaz, son petit-neveu, son légataire universel, mais ce dernier étant mort peu après sans hoirs, son grand-père Thomas du Hardaz, seigneur de Fresnay, devint héritier et seigneur de Courtilloles.

GUILLAUME, écuyer, sieur de Congé, bailli de Sonnois et Peray, marié à Renée Lair.

MARIE-CHARLOTTE, qui épousa le 27 août 1653, Jean Le Maire, chevalier, seigneur de Montlivault, trésorier de France en la généralité d'Alençon.

GUILLAUME, sieur de Moire, sans alliance connue.

CATHERINE (mineure encore en 1654) qui épousa Jacques de Boullemer, *seigneur de Bresteau et de Montigny, conseiller du Roi, gouverneur de la* ville et château d'Alençon.

Les Le Feuvre portaient *d'azur à 2 bâtons noueux d'or en sautoir, accompagnés de 2 croissants en chef avec étoile de même en pointe.*

La Butte était un petit manoir situé dans la commune de Marollette, à 1500 mètres de Mamers. La construction primitive doit être du XVIe siècle ; elle a été remaniée dans le siècle suivant, probablement à la suite d'un siège qui l'aurait ruinée en partie, car de nombreuses traces de balles se remarquent à l'entour des anciennes ouvertures. Ces ouvertures

Elle lui apportait par contrat de mariage 40,000 livres tournois (1).

Ils n'eurent pas d'enfants.

Antoine Le Corvaisier mourut au château de Courtilloles (en Saint-Rigomer-des-Bois), le 7 octobre 1660. Il devait s'y trouver en villégiature chez sa belle-sœur, Mme du Hardaz. Son corps fut rapporté au Mans et inhumé dans l'église des Jacobins (2). Son neveu, René Aubert, fils de sa sœur, lui succéda comme lieutenant criminel et comme propriétaire et seigneur de Courteilles.

Sa veuve vivait encore en 1663.

III

Il existe dans l'*Iconographie cénomane*, que MM. Pesche et Desportes devaient joindre à la *Biographie* faisant suite au *Dictionnaire de la Sarthe*, et demeurée inachevée comme cette *Biographie* elle-même, un portrait d'Antoine Le Corvaisier de Courteilles : Figure grave et fine, nez aquilin, beau front, cheveux blancs. Ce portrait avait été dessiné par Pelletier et lithographié chez Monnoyer, d'après une toile conservée à la bibliothèque de la *Société d'Agriculture, Sciences et Arts de la Sarthe* et dont on ignore la provenance. Nous pouvons, grâce à la courtoisie du Bureau de cette Société, présidé par M. Gentil, donner de l'original, une reproduction beaucoup plus exacte (3).

à meneaux en croix, sont visibles encore dans les murs de la grange qui a remplacé le manoir primitif. Des lucarnes du second étage, plus de traces ; restes de peintures indéchiffrables sur d'anciennes poutres. (Communication de M. Fleury.)

(1) Partage entre les héritiers Le Feuvre, du 29 décembre 1654, au notariat de Mamers. (Communication de M. de Courtilloles).

(2) « Anthoine de Courteille, Lieutenant Criminel du Mans, est mort à Courtilloles, Le Jeudy 7me octobre (1660) à 10 heures du soir et a esté porté en terre en L'Eglise des Jacobins du Mans ». (Registres paroissiaux de Saint-Rigomer. Communication de M. de Courtilloles).

(3) Nous ne saurions trop remercier nos collègues de la *Société histo-*

A la vente des autographes du cabinet Parison, (mars 1856), une lettre de Le Corvaisier au P. Sirmond, le Mans, août 1650, 3 gr. p. pleines in-fol., passait en vente. Nous ne savons à qui elle fut adjugée ni ce qu'elle sera devenue. Le Catalogue (n° 387) l'indiquait sous le nom de « Le Cervoisier, historien de l'Anjou », et ajoutait que cette « très belle lettre était relative à des recherches pour l'histoire ecclésiastique du diocèse ».

Nous voyons la signature *A. Le Corvaisier* au pied d'une requête tendant à communication de pièces dans un procès, à la date du 25 janvier 1642 (1). L'écriture en est large, ferme et posée.

Sur un exemplaire de son *Histoire des Evêques*, conservé à la bibliothèque publique du Mans, dont nous reparlerons plus loin, se trouvent beaucoup de notes marginales de la main de Le Corvaisier ; mais, de ces divers autographes, aucun, malheureusement, n'a trait à sa vie intime et privée.

IV

Nous arrivons à l'*Histoire des Évêques du Mans* qui fut le grand événement de la vie de Le Corvaisier et qui est restée

rique *du Maine* et M. Brière en particulier, du concours empressé qu'ils nous ont prêté pour cette reproduction.

(1) Pièce communiquée par M. l'abbé Esnault.

D'autres signatures de Le Corvaisier existent aux Archives municipales du Mans. Les Archives départementales ne possèdent rien de lui. (Lettre de M. Bellée, archiviste du département, 16 juillet 1878).

son principal titre aux yeux de la postérité. Pour ne pas rompre l'enchaînement des faits qui se rattachent à cette publication, nous avons cru devoir y consacrer un chapitre séparé.

Par quelles circonstances particulières Le Corvaisier fut-il amené à s'occuper d'un sujet assez étranger, au premier aspect, à ses études et à ses fonctions spéciales ? Nous ne

M. Brière possède un fragment manuscrit que le libraire Bondu, qui le lui avait cédé, affirmait être de la main de Le Corvaisier et destiné à former un carton à la vie de l'évêque Pierre de Savoisy (p. 604). Voici ce fragment :

« Cette Princesse (Marie d'Anjou) étoit au Mans lors de la querelle de l'Evêq. et du chap. p^r la Marche de la *procession de la fête Dieu*. Les chan. s'imaginèrent q. leur p^{due} exemption leur donnoit droict d'en régler la Marche et la cérémonie ; sauf à l'Evêq. et aux corps eccl^{iq} de sy joindre si *bon leur sembloit* ; ils firent publier q. la procession iroit reposer dans l'église *du Pré*, abbaye qui est le lieu de la sépulture de St Julien.

» Pierre de Savoisy, E. du Mans, en donna avis à Marie ; la princesse, qui avoit pris conseil des pf^{rs} de droit de l'V^{té} d'Angers, ordonna q. les portes par où l'on va à l'abbaye du Pré, fussent *fermées*.

» Les Comtés qui précèdent la cathedrale, prirent la route ord^{re} ; la cathed. prit le chemin du pont *Perrin* et fut obligée de revenir, pendant q. l'Evêq. prenant le S^t ciboire de l'église de St *Benoît* suivit les comtés qui alloient a *Coëffort* ; c'est en partie cette entreprise du chap. qui a donné lieu a l'arrêt du *27 juin 1686* qui declare l'exemption du chap. abusive : c'est la jurisp. présente (*). J'en ay parlé si amplem^t dans mon Tr. du Dr. françois *canonique* que je n'en puis rien dire icy ».

(*) « *Bibl. canon.* V^{bo} *exemptions*, p. 622 ; — V. Mém. du clergé, to. 7, p. 652. »

Cette attribution n'était pas soutenable.

L'écrivain cite un arrêt de 1686 et la *Bibliothèque canonique* qui est de 1689 ; or nous avons vu que Le Corvaisier était mort en 1660.

Il se désigne lui-même comme l'auteur d'un *Traité du droit canonique* et paraît avoir eu des rapports particuliers avec l'Université d'Angers. C'était dans la famille des Pocquet de Livonnière, angevins, jurisconsultes, canonistes, dont les manuscrits éparpillés de tous côtés en feuilles volantes, encombrent les dépôts publics d'Angers et les collections privées, qu'il fallait le chercher. L'écriture du fragment appartenant à M. Brière est, à n'en pouvoir douter, celle de Claude-Gabriel Pocquet de Livonnière, né à Angers le 21 octobre 1684, mort dans la même ville le 27 février 1762, avocat, professeur, doyen de la Faculté de droit de sa ville, écrivain et compilateur infatigable. (C. Port, v° *Pocquet* ; — *Revue de l'Anjou*, mars 1878).

saurions le préciser ; mais cette évolution, comme on dirait aujourd'hui, était assez dans l'esprit du temps.

Indépendamment des grands travaux d'histoire ou de critique historique que vit paraître le milieu du XVIIe siècle et qui ont rendu fameux les noms de Kircher, Saumaise, Pétau, Bignon, Sirmond, André Du Chesne, Du Cange, Mézeray, Labbe, Launoy, Bollandus, Baluze, Samson, des Sainte-Marthe et de tant d'autres savants, l'histoire provinciale paraît avoir été à ce moment l'objet d'un intérêt particulier. Autour de Le Corvaisier, se multipliaient les tentatives analogues à la sienne. Roulliard avait donné sa *Parthénie* (1609) consacrée aux souvenirs du pays chartrain ; Gilles Bry, son *Histoire du Perche* (1630). Celle de Bretagne par Le Baud, restée longtemps inédite, venait de voir le jour (1638). Guyon (1647) et Le Maire (1648) écrivaient les annales de l'Orléanais. Le dominicain Marin Prouvère-Bicheteaux avait achevé son *Histoire ecclésiastique du diocèse de Sées* (1624). Dans le Maine même, Trouillart publiait ses *Mémoires des Comtes* de la province, et Ménage préparait sa grande *Histoire de Sablé* qui ne parut qu'en 1683. Le Çorvaisier donnait, donc et suivait l'exemple.

La composition de son livre dut lui coûter plusieurs années de travail. Il dit lui-même dans son épître dédicatoire à l'Évêque du Mans Emery de la Ferté, qu'à l'avènement de ce prélat (1637) il avait déjà le dessein bien arrêté d'écrire l'histoire du Maine. Il parle de ses recherches « dans les trésors et dans les archives des églises », des « manuscrits assez fidels » qui sont tombés en ses mains, du soin avec lequel « il a compilé tout ce qu'il a jugé digne de remarque dans nos histoires », des savants qu'il a consultés « Messieurs Dupuy frères et de Saincte-Marthe aussi frères » et « Monsieur de la Mote Le Vayer ». La vérité est qu'il a puisé à beaucoup de sources diverses. S'il a les crédulités et les préjugés de son temps, il ne les exagère pas ; il montre même parfois une certaine critique.

La date du privilège est du 11 décembre 1645 ; la cession qu'il en fit aux frères Cramoisy, imprimeurs, du 15 mars 1646. Peut-être avait-il été retardé par les démarches que le Chapitre du Mans, choqué de ses idées sur plusieurs points et notamment sur l'époque de l'apostolat de saint Julien, fit auprès du chancelier Pierre Séguier pour s'opposer à la publication de l'ouvrage (1) et qui n'aboutirent pas. L'évêque du Mans, Emery de la Ferté, prélat recommandable par sa piété et sa charité, en accepta même la dédicace.

L'impression traîna en longueur. Un sieur Martin en avait été chargé par les frères Cramoisy, comme leur cessionnaire ou leur agent. Le Corvaisier n'était pas là pour la surveiller. Les relations entre Paris et le Mans étaient rares et difficiles alors. Il paraît même que des indiscrets obtinrent la communication soit du manuscrit, soit des épreuves, et se permirent d'y faire des changements qui contrariaient les idées de l'auteur.

Le tirage fut terminé le 20 novembre 1647, et l'ouvrage publié en 1648 sous ce titre : HISTOIRE | DES | EVESQVES | DV MANS, | ET DE CE QVI S'EST PASSÉ | de plus mémorable dans le Diocèse pendant | leur Pontificat. | A PARIS, | (chez) SEBASTIEN CRAMOISY, Imprimeur ordi- | naire du Roy, et de la Reyne Regente : | ET | GABRIEL CRAMOISY. | (rue S. Iacques, aux Cicognes.) M. DC. XLVIII. | *AVEC PRIVILEGE DV ROY* (2).

(1) Bondonnet, p. 710 ; — Dom Piolin, *Histoire de l'Église du Mans*, t. I, p. XLIV ; t. VI, p. 215, 219.

(2) In-4°. — 16 p. n. ch. pour le frontispice, la dédicace, signée, à l'évêque du Mans Emery Marc de la Ferté, une lettre de compliments adressée à l'auteur par son oncle Jean Vasse, « Conseiller du Roy en ses Conseils d'Estat et Privé, et Lieutenant Criminel au Siège Présidial et Sénéchaussée du Mans », les « Epigrammes » et la Table (la liste des noms des évêques). — 888 p. ch. — 2 p. n. ch. pour les Errata, et 54 p. n. ch. pour la Table des matières principales et le Privilège.

Les adversaires de Le Corvaisier s'étaient sans doute tenus au courant de l'impression de son travail et avaient dû en préparer la réfutation au fur et à mesure, car il est inadmissible que cette réfutation laborieuse, minutieuse et qui forme un énorme volume, ait pu être rédigée, composée et tirée de 1648 à 1650. Elle était achevée d'imprimer dès le 22 avril 1651.

En voici le titre :

LES VIES | DES | EVESQVES | DV MANS | RESTITVÉES ET CORRIGÉES, | *AVEC* | *PLVSIEVRS BELLES REMARQVES* | *SVR LA CHRONOLOGIE.* | *Par Dom* IEAN BONDONNET *Benedic-*

Voici les deux épigrammes encomiastiques qui figurent, avec la lettre, ultrà louangeuse, de Jean Vasse, en tête du Livre :

> « Il ne faut ne marbre ne cuiure
> Pour grauer le nom de celuy
> Que l'on voit paroistre auiourd'huy
> Au frontispice de ce liure :

> » Car puis que le suiet est tel,
> Qu'il est aux Prelats honorable,
> Et que l'Eglise est perdurable,
> Il sera sans doute immortel

> » Vostre meilleur et plus affectionné Père, IACQVES LE CORVAISIER DE COVRTEILLES, Prestre indigne. »

> « Mes vers ne peuvent pas eterniser ta gloire,
> Puis que tes escrits seuls donnent l'eternité,
> Tant d'illustres Heros viuans dans ton Histoire
> Feront viure ton Nom à la posterité.

> » Plus puissant que les Saints dont les diuins Oracles
> Rendirent autresfois nos Peres admirez,
> Tu redonnes la vie aux Faiseurs de miracles,
> Et la lumiere à ceux qui nous ont esclairez

> » Vostre tres humble, tres obeïssant seruiteur, et tres-cher Cousin, ROLAND LE VAYER DE BOVTIGNY, aduocat ne Parlement ».

On voit que dans tout ce monde, l'esprit de famille était assez largement pratiqué.

tin de Sainct | Vincent du Mans, et Prieur de Sarcé. | A PARIS, | chez EDME MARTIN ruë S. Iacques au Soleil d'or, | M. DC. LI. | *AVEC PRIVILEGE DV ROY* (1).

Mais Le Corvaisier, de son côté, dut profiter de quelques indiscrétions, car, à la veille pour ainsi dire de l'apparition du livre de Bondonnet et cherchant à en conjurer l'effet, il lança :

DEFFENCE | ANTICIPÉE | DE l'HISTOIRE DES | EVESQVES DV MANS. | CONTENANT | *Le desadueu de quelques additions et fautes insérées | dans le texte à l'insceu de l'Auteur* | AV MANS. | Chez HIERÔME OLIVIER, Imprimeur et | Libraire, demeurent prés l'Egl. S. IVL. | M. DC. L.

40 p. in-4° y compris le frontispice.

Au verso du frontispice, cette sentence

Il est bien aisé de reprendre
et mal-aisé de faire mievx

qui exprime la même idée que le fameux vers si souvent cité :

La critique est aisée et l'art est difficile (2).

L'auteur débute ainsi solennellement :

« Encore que ie sçache que dans l'ordre de la Iustice il est non seulement inutile, mais quelquefois perilleux de se iustifier avant que d'estre accusé, d'autant qu'une deffence anticipée aussi bien qu'une précaution trop affectée nuist plus souvent qu'elle ne sert, et laisse dans l'esprit des Iuges une forte impression et un soupçon violent du crime dont

(1) 24 p. n. ch. pour le frontispice, l'épitre dédicatoire à l'évêque Philbert-Emmañuel de Beaumanoir de Lavardin, l'avertissement au lecteur et le catalogue des évêques. — 740 p. ch. (y compris la Réponse à la *Défense anticipée*). — 12 p. n. ch. pour la table, l'errata et le privilège.

(2) Ce vers souvent attribué à Boileau et qui est en effet dans sa manière, est de Destouches, *Le Glorieux*, A. II, sc. 5.

on tasche de s'excuser : Neantmoins il faut advoüer qu'il y a quelquefois des rencontres dans lesquelles il est non seulement important et nécessaire de proposer ses faicts et ses preuves de iustification avant que d'y estre receu, mais mesme d'aller au devant de ses accusateurs, lors que nous croyons qu'ils peuvent tirer advantage de notre silence, et par une publique declaration de la verité prevenir le dessein qu'ils ont de nous accuser.

» C'est ainsi qu'ayant esté adverty que deux (1) personnes Ecclesiastiques fort sçavantes se préparoient d'escrire contre mon histoire, tant pour destruire l'opinion que i'ay voulu establir touchant le temps de la missiō de nostre Apostre, que pour déchiffrer beaucoup d'autres méprises qu'ils disent avoir remarquées contre la chronologie, i'ay creu estre obligé de les prévenir par ce discours apologetique, et d'anticiper leur censure par ma deffence et par cét acte de desadveu que i'ay voulu doner au public, crainte que l'on ne m'attribüast plusieurs fautes qui sont procédées, les unes de l'ignorance des copistes, et les autres de la negligence des composteurs, qui par une facilité que l'on ne peut excuser, ont permis que qielques personnes incogneuës s'advoüant de mon nom ayent inseré en mon absence et à mon insceu dans la coppie manuscrite de mon ouvrage, lorsqu'il rouloit soubs la presse, plusieurs additions fausses ou impertinentes, de sorte que i'ay esté contrainct de m'en plaindre plusieurs fois et de les desavoüer par des lettres, dont les termes plains de chaleur tesmoignoient assez la passion avec laquelle ie condamnois ce procédé ».

Avant d'entrer dans le détail de ses griefs, il indique comme ses témoins, « Messieurs Godefroy, de Chantelou et de Chambray, ... trois personnes qu'il estime beaucoup, qu'il hante familièrement et dont la foy est irréprochabie ....

---

(1) Le second de Bondonnet dans cette polémique devait être Gault, chantre de Saint-Julien du Mans, qui mourut pendant l'impression des *Vies des Evesques* (Avant-propos, p. 4).

ils sçavent que toutes les fois qu'on luy envoyoit de Paris les espreuves de son ouvrage, il les leur communiquoit et se peuvent souvenir des plaintes et des reproches qu'il faisoit contre les Imprimeurs ......» Il invoque aussi le témoignage de M. Le Vayer de Boutigny, son cousin.

.... « Les livres sont comme les bastiments, il fault y veiller soigneusement lorsqu'on y faict travailler, d'autant que les ouvriers qui sont plus curieux du profit que de la gloire, trompent ordinairement et s'en acquittent comme d'une corvée, considérant plustôt le payement de leurs salaires que la perfection de la besongne à laquelle ils sont employez, outre que les deffaults ne paroissent point que lorsque l'ouvrage est achevé, et qu'il est mal-aisé et quelque fois impossible d'y apporter remède (p. 9).

.... » Les imprimeurs, soit pour éviter la honte et le reproche qu'on leur eust peu faire, soit pour espargner leur peine et leur papier, reduisirent un cahier assez ample (d'errata) que i'avois moy-mesme dressé, et que ie leur avois envoyé, en une fueille et demie de papier, si pressée que l'on ne pût pas y employer les fautes les plus remarquables, et principalement celles dont mes adversaires se pouvoient prévaloir contre moy.... » (p. 29) (1).

Le Corvaisier reproduit ses lettres, assez aigres, aux imprimeurs Cramoisy et la réponse de ceux-ci qui s'excusent de ne pouvoir représenter le manuscrit.

Les principales interpolations dont-il se plaint sont les suivantes :

P. 339, la prétendue intervention de saint Bernard auprès du pape Eugène III et de divers autres personnages, en faveur de l'évêque Avesgaud qui étoit mort longtemps avant la naissance de saint Bernard.

P. 385, la date de la mort de l'évêque Goël ou Hoël.

(1) La liste des errata, dont beaucoup, il est vrai, sont tout à fait insignifiants, à la suite de la *Deffence*, ne comprend pas moins de 11 p.

P. 457, le passage relatif à la supériorité de l'abbaye de Bellebranche sur les autres abbayes de Bernardins au Maine, et aux services que le seigneur des Chenets aurait rendus à cette abbaye.

P. 469, la mention des armes des Lavardin aux fenêtres de l'abbaye de Champagne.

Le reste de la *Deffence* est plus particulièrement consacré à la justification des opinions de l'auteur relativement à l'apostolat de saint Julien, de saint Liboire et de saint Domnole. Il maintient au III° siècle la venue de saint Julien dans le Maine.

La réplique ne se fit pas attendre, et Bondonnet se hâta d'ajouter à son livre une *Response sommaire à la Defense anticipée du sievr de Covrteilles*, qui forme 30 p. (709-740).

Dans sa dédicace à l'évêque Beaumanoir de Lavardin, il compare l'histoire de Le Corvaisier à cet homme de l'Evangile qui, se rendant de Jérusalem à Jéricho, tomba aux mains des voleurs. « Les Prestres et les Leuites de ce Diocese ont bien plus fait que ceux de l'ancienne loy, qui passèrent outre sans s'approcher de ce malade : et ceux-cy se détournants de leur chemin en ont approché, et mesmes ont manié ses blessures, autant comme il y en a qui ont fait lecture de son Liure. Mais soit pour n'en auoir pas voulu prendre la peine, ou peut-estre desesperants de la santé d'un corps si endommagé, ils ont passé outre et l'ont quitté là. Ie suis comme le pauure Samaritain qui n'ayant pas tant de science n'y d'expérience qu'eux, mais plus d'esperance et de pitié, i'ay soigneusement manié ce suiet, i'ay fait un dénombrement exact de toutes ses playes, pour le moins des plus considérables, i'en ay mesuré la grandeur, i'en ay sondé la profondeur, et apres y auoir fait une infusion du vin de mes necessaires corrections, de l'huile de la douceur que i'y ay apportée et du respect que ie luy ay tousiours conserué, i'ay resserré le tout par de fortes ligatures de bons raisonnements couchez en ce Liure.... »

On voit que si les deux adversaires luttaient entr'eux d'arguments et d'érudition, ils faisaient aussi assaut de métaphores et de comparaisons.

Bondonnet est un éplucheur perspicace et impitoyable. Il relève beaucoup d'erreurs échappées à Le Corvaisier ; son argumentation est plus pressante et plus rigoureuse ; mais on peut lui reprocher de moins exposer, moins raconter que prendre sans cesse à partie, et souvent sur des points tout à fait secondaires, un adversaire dont on n'a pas le texte sous les yeux, et de donner à sa polémique, surtout dans la *Réponse à la Defense anticipée*, un caractère insupportable d'aigreur et de personnalité mal déguisé sous des formes patelines, de consacrer ainsi de longues pages à vouloir prouver que les erreurs de Le Corvaisier sont bien véritablement les siennes et non celles des auteurs qu'il a consultés, des copistes ou des typographes qu'il a employés. Quelqu'en fût le coupable, il suffisait, ce semble, de relever ces erreurs. On dirait que le critique regrette qu'elles ne soient pas plus nombreuses encore, et qu'il en veut à Le Corvaisier de l'avoir prévenu en reconnaissant de lui-même et en corrigeant à l'avance certaines fautes. Il va même jusqu'à suspecter sa bonne foi, ce qui dépasse les bornes tout à la fois de la charité chrétienne et de la liberté critique, et à lui dénier, sans avoir l'air d'y toucher, le droit de s'occuper de ces questions étrangères à la spécialité de ses fonctions, ce qui n'est pas plus juste. Le Corvaisier, quelle que fût la vivacité avec laquelle il se défendait, ne se permet, du moins, aucune personnalité de ce genre (1).

(1) Bondonnet (Jean), né au Mans en 1592, avait fait profession chez les Bénédictins de Saint-Vincent, en 1612. Il passa quelques années à l'Abbaye de Saint-Germain-des-Prés où il exerça les emplois de procureur et de célérier, et revint dans le Maine occuper le prieuré de Sarcé qui dépendait de Saint-Vincent. Il mourut le 16 mars 1664. (Hauréau, t. III, p. 444).

Sur la question de l'apostolat de saint Julien, un polémiste, plus redoutable que Le Corvaisier, ne tarda pas à entrer en lice avec Bondonnet. C'était Jean de Launoy. Il publia en 1651 son livre fameux : *Dissertationes*

Le Corvaisier avait songé à une seconde édition *revue, corrigée et augmentée* (1). Elle ne parut pas.

V

Nous connaissons deux exemplaires de l'*Histoire des Évêques* doublement intéressants par les annotations manuscrites dont ils sont chargés et par les noms de leurs anciens possesseurs.

L'un se trouve à la bibliothèque publique du Mans, l'autre à celle d'Alençon.

Le premier a certainement appartenu à Le Corvaisier. Les marges en sont couvertes de notes de son écriture et dans lesquelles il parle souvent à la première personne. Malheureusement, ces marges ont été fort atteintes par le couteau d'un relieur maladroit ; les derniers mots des lignes latérales et même des lignes entières au haut et au bas de certaines pages ont disparu.

Il est évident que Le Corvaisier avait préparé ces notes en vue de la nouvelle édition qu'il projetait, mais elles ne présentent pas des corrections ou des additions définitives. Quelques-unes font double emploi avec le texte primitif ; d'autres avec les deux errata de l'*Histoire* et de la *Deffence* sans les reproduire intégralement, à beaucoup près ; d'autres renferment des additions à ces errata.

tres quarum.... tertia, quid de primi Cenomannorum antistitis epocha sentiendum sit, explicatur, 1651. Bondonnet reprit aussitôt la plume et donna : Refvtation | des trois | dissertations | de Me Iean de Launoy | Docteur en la sacrée | faculté de Théologie de Paris. | *CONTRE LES MISSIONS APOSTOLIQVES | dans les Gaules au premier Siècle....* A Paris, | chez Iean Piot, ruë S. Iacques, à la Salemandre d'argent. | M. D C. LIII. | *A VEC PRIVILEGE DV ROY.*

In-4º.— 16 p. n. ch. pour le frontispice, la dédicace à l'évêque Emmanuel de Beaumanoir de Lavardin, l'avis au lecteur et le privilège qui est daté du 9 juin 1653. — 388 p. ch. — 4 p. n. ch. pour la Table des matières.

(1) *Advertissement* final ; — *Deffence anticipée*, p. 28.

Ces additions, pour la plupart insignifiantes, consistent en redressements de grammaire ou d'orthographe, en variantes de style. Parfois Le Corvaisier remplace un texte plus correct par un autre qui l'est moins ; ainsi, à la p. 10, à : « laissez dans l'oubly » il substitue « laissez dedans l'oubly » ; à la p. 48, au lieu de « dont le langage et les mœurs lui estoient incogneus », il écrit « lui estoient incogneues ».

Il fait d'assez nombreuses intercalations chronologiques, généalogiques, géographiques surtout. Il donne la synonymie en français de beaucoup d'anciens noms de lieu qu'il n'avait cités qu'en latin (p. 68, 69, 76, 86, 96, etc.) notamment dans la transcription du testament de saint Bertrand. Cette question de l'ancienne géographie paraît l'avoir fort préoccupé, car en marge de la table des matières principales il a inscrit, par ordre alphabétique, beaucoup de noms de lieu, avec cette note indicative : « verba obscura et appellationes propriæ quorumdam locorum jam nunc nobis ignot... ex testamento Sᵗⁱ Bertrandi et Hadouindi et etiam ex Pontificali ».

Il avait écrit, en parlant du cardinal de Richelieu, « le miracle de notre siècle ». L'hyperbole était un peu forte ; Richelieu est mort ; il remplace le « miracle » par « l'estonnement » (p. 881).

Il avait vanté la « maiesté » du cardinal du Bellay, dans sa circulaire aux protestants d'Allemagne pour les assurer des bonnes dispositions de la France ; majesté se change en « vivacité » (p. 833).

Il a un mot sévère pour le chroniqueur Bourdigné que la plupart des contemporains de Le Corvaisier étaient habitués à traiter avec plus de révérence : « Je crois que Bourdigné, historien peu digne de foi, fait des contes à son ordinaire lorsque dans la première partie de ses Annales d'Anjou, aux chapitres quinzieme et seixieme, il fait mention de Gui

sieur de Laval vers l'an quattre cent quattre vint quinze »
(p. 71) (1).

Il n'a garde d'omettre les lignes oubliées (p. 3, 11, 13,
168, 302, 428, etc.) et les interpolations (p. 437, 459, 468,
etc.), objet de ses récriminations principales contre ses
imprimeurs.

En parlant du testament de l'évêque Bertrand, il n'élève
dans ses additions, non plus qu'il ne l'avait fait dans son
livre, aucun doute sur son authenticité, encore que Launoy,
qu'il connaissait, la suspectât déjà.

Les plus longues de ses notes sont consacrées à la défense
de son opinion sur la date de l'apostolat de saint Julien. Aux
arguments tirés de la chronologie et des textes de Grégoire
de Tours et de Sulpice Sévère, déjà produits dans son Histoire, il en ajoute un d'un ordre tout nouveau. Ce n'est, il
est vrai, qu'une hypothèse, mais elle a du moins le mérite
de n'être présentée qu'avec une réserve extrême : « On peut
conjecturer et présumer avec quelque apparence que ceux
qui ont les premiers écrit que S. Julian auroit esté envoyé
par S. Pierre ont soubz ce nom peut estre volu désigner
tous les papes ses successeurs, de la mesme façon que soubz
celuy de Cœsar on comprend tous les empereurs romains qui
luy ont succedé, ou bien l'on peut dire qu'ils se sont abusez
dans l'explication de ces deux lettres capitales S. P........
se mettent ordinairement par abbreviation non seulement
dans les [decrets] bulles et autres expéditions du Saint Siege,
mais aussi dans les histoires ecclésiastiques et que peut
estre ..... dans les cartulaires et cahiers manuscrits « Sanctus
Julianus missus fuerat a S. P. in Gallias », ils l'ont interprété
« A S. Petro », quoi qu'il se deut peut estre entendre « A

____

(1) « Bourdigné raconte et discute avec le sérieux d'un Allemand de nos
jours les billevesées de son imagination que rien n'arrête, comme s'il
lisait à pleine page dans quelque recueil inconnu du passé ». (C. Port,
*Dictionnaire historique, géographique et biographique de Maine-et-
Loire*, vº *Bourdigné)*.

sancto patre » ou « A sancto pontifice », et ceste mesprise et explication qu'ils ont faitte selon ...... ont peut estre donné l'opinion qu'ils disoient estre venue d'une *tradition fort ancienne* (p. 43) ». Il cherche aussi à établir que des erreurs se seroient glissées dans le texte des leçons des bréviaires, et en infirment l'autorité.

Quelques annotations d'une écriture différente de celle d'Antoine Le Corvaisier et plus moderne, sont mêlées aux siennes. Elles n'ont pas grand intérêt. Le nouvel annotateur constate (p. 853) que Robert Garnier était « son trisayeul paternel » ; c'est donc Jacques Aubert de Courteilles, descendant, en effet, du fameux poète. Son père, prénommé René, était neveu par sa mère et héritier d'Antoine Le Corvaisier (1), ce qui explique la possession de ce volume aux mains de la famille Aubert et la note suivante sur une des gardes : « Les remarques et apostilles sont de la main de l'autheur, grand oncle de Marie-Anne Aubert, épouse de Jacques Chouet de Montbizot, mon père ».

Signé : Chouet de Mauny.

Marie-Anne Aubert, fille de Jacques, avait épousé Jacques Chouet de Maulny, seigneur de Montbizot. Après elle, le volume a passé par des mains inconnues et probablement indifférentes, jusqu'au jour où il a trouvé à la bibliothèque du Mans, sa place véritable et définitive.

VI

L'exemplaire de la bibliothèque d'Alençon ne mérite pas moins d'être décrit.

La plupart des notes marginales dont il est surchargé ne

---

(1) *Mémoires de Nepveu de la Manouillère*, t. I, p. 74.

sont que la reproduction des errata de l'*Histoire* et de la *Deffence*, du moins dans la première partie du livre. A partir de la page 175, l'annotateur entre personnellement en scène. Tantôt il fait des corrections grammaticales ou des rectifications chronologiques, des additions souvent de peu d'intérêt ; tantôt il prend à partie, non pas l'imprimeur, mais l'auteur lui-même, avec une âpreté et un sans-gêne qui rappellent un peu la manière de Bondonnet, quoiqu'il se place à un point de vue tout à fait gallican, c'est-à-dire fort différent de celui du Père.

Voici les plus importantes de ces notes.

P. 175, l. 9. — Armes prétendues de saint Bertrand.

« Ce qui fait voir la fausseté du manuscrit est que les armes n'etoient point en ces tems la en usage et ne l'ont été que plus de 5 siecles depuis, mais l'on doibt en estre d'autant moins surpris que tous les autres manuscrits des quels on a tiré la plus grande partie des récits precedents ne sont pas plus autentiq. et ont été forgés par des ecclésiastiques interessés et que les moines en ont les premiers donné les exemples cõme a été reconnu par les sauans modernes et autres ».

P. 184. — Testament de l'évêque Berthran.

« Il est surprenant que l'auteur ayt donné au public une pièce si évidemment fausse apres que luy mesme a fait les remarques qu'il a insérées auant cette coppie, car jay veu ce pretendu original auecq feu M. de Chamilly, abbé de la Couture, bon antiquaire et connoisseur, et l'on n'eut pas de peine a reconnoitre que cet ouurage est d'un moine du 13 ou 14 siecle qui, a l'exemple d'une fourmiliere de semblables, se disputoient la gloire d'en fabriquer pour leur propre uttilité, et comme le P. Mabillon auoit donné dans ce panneau l'ayant inserée dans ses *Analecta,* je pris un jour occasion de laborder dans le cloitre de S\ Germain des Prés ou je luy fis part de mes observaõns sur le testament ; il me dist qu'il se repentoit d'auoir suiui aueuglement les memoires que luy auoit enuoyés un nomé Musserotte (1) chanoine du Mans qui auoit extrait les registres du chapitre dont il auoit dans la suite reconnu les erreurs et qu'à l'égard du testament il laissoit au public la liberté d'en croire ce qu'on voudroit

(1) Julien Musserotte, reçu chanoine semi-prébendé de Saint-Julien, le 16 octobre 1662. (*Note de M. l'abbé Esnault*).

(convaincu) ? que cela tourneroit a la confusion des anciens moines. Il adiousta pourtant que, si je luy apportois des observations conuaincantes, *Eris mihi magnus Apollo* » (1)

P. 684, l. 24. — Jean Fastol.

« Ce Jean Fastol s'etoit marié au Mans auec Jousseline Le Roy, de la paroisse de St Pauin de la Cité, et il luy en couta 500 ᴸ pour la dispense par ce qu'il n'etoit pas naturel du pays. Les euesques sauoient fᵉ leur profit de toute manière ».

P. 746, l. 14. — Philippe de Luxembourg.

« Il etoit pourveu du vivant de son père, puisqu'il conféra les ordres au Mans en qualité d'evesque du Maus aux 4 Tems du meme mois de 7bre au quel son père décéda ce que j'ay veu des lettres de Tonsure qu'il conféra à Jean Liaure (?) ».

P. 749. — Le même.

« On peut icy parler du grand procès qu'il eut en 1484 contre les officiers du Mans au sujet d'un prisonnier qui s'étoit réfugié en la chapelle du Gué de Mauny où les officiers le reprirent, ce que l'Evesque ne voulut pas souffrir, pretendant qu'on avoit donné atteinte aux droits de son eglise et a cette occasion les écritures de ce proces sont bien curieuses ≿

P. 757. — Pierre de Courthardy, restaurateur du couvent des Jacobins.

« Tout ce récit est faux ; c'est son fils qui fit batir cette chappelle et qui avoit été en Italie et non le père, et encore ne fut elle batie qu'après

(1) Le testament de saint Bertrand, pièce capitale pour l'histoire du Maine, est admis comme authentique, non-seulement par Le Corvaisier et par Bondonnet, mais par tous les historiens que nous avons pu consulter : Dom Rivet, *Histoire littéraire de la France*, t. III, p. 530 ; le P. Longueval, *Histoire de l'Eglise Gallicane*, Livre IX ; Barnabé Brisson, *De Formulis juris ;* Chopin, *Coutume d'Anjou*, Liv. I, art. 37 ; Renouard, t. I, p. 165 ; Pesche, *Biographie et Bibliographie du Maine*, vᵒ Bertrand *(S.) ;* Cauvin, *Géographie ancienne du diocèse du Mans ;* D. Piolin, t. I, p. 322. Launoy en suspecte la sincérité, sans se prononcer d'une manière absolue. « *Persuadeor facilè testamentum istud post Pippinum Caroli Magni parentem confectum, aut sanè depravatum fuisse* ». (P. 217 de ses *Dissertations*, édit. de 1670). La sortie violente que se permet ici l'annotateur, nous paraît plus que hazardée ; rien n'indique que l'illustre Mabillon, mort en 1707 seulement, ait changé d'avis sur cette question.

sa mort, comme il se voit par son testament qui est conservé chez les Jacobins, et c'est le cœur de ce fils qui fut juge du Maine comme le père l'auoit été, qui est dans cette chappelle auec le corps de Jacquine Auvée, sa femme, qui exécuta ce testament qui est de l'année 1525. Le fils s'appeloit Pierre de Courthardy comme le père, et auoit, suiuant des lettres patentes de Charles 8 de l'an 1493, obtenu des prouisions de lad. charge de Juge du Maine pour exercer du vivant du père et conjointement, c'est a dire en l'absence de l'un et l'autre. Elles sont fort curieuses. Je les ay. Elles portent que ce fils étoit aux universités d'Italie, agé seulement de 20 ans et le Roi veut qu'à son retour et lorsqu'il aura atteint 22 ans il puisse tenir et exercer le dit office et état de Juge du Maine, en considération des seruices du père et de ses predecesseurs de ce nom employés en différentes ambassades pour son seruice et celuy des comtes du Maine, ses oncles et cousins, à la maison des quels ils auoient toujours esté attachés ».

P. 759. — Le même, constructeur de l'hôtel de Courthardy.

« Cela n'est pas vray.

« Il etoit son fils. Cela est justifié par les registres de l'abbé de la Couture et c'est Jean de Courthardy, doyen de St Pierre et chanoine du Maine, cousin (?) du 1er Président qui fit batir led. hotel, ainsi ii y a erreur en tout ce que dit l'historien ».

Le neveu de Pierre de Courthardy, chanoine.

« Jean Tahureau, fils de Colas Tahureau, écuyer, seigneur de la Cheuallerie en Anjou, et d'Isabeau de Courthardy, sœur de ce Jacques et de Pierre, premier Président. L'on voit les armes de l'oncle et du neveu dans la vitre d'une chapelle près celle de Notre Dame du Chevet à main gauche. Ce Jean Tahureau, chanoine, étoit frère de Jacques Tahureau, lieutenant général lors de la réformation de la Coutume, le quel Jacques étoit aussy neueu par sa mère du premier Président ».

P. 827. — Les entrailles de Du Bellay enterrées dans l'église de Saint-Benoist du Mans (sépulture ordinaire de la famille du Breil).

« Ce n'est pas vray ; ce fut dans la cathédrale, et l'auteur a voulu se faire honneur à cette occasion. Le registre en fait foi et qu'elles furent mises auprès du corps de Fr. de Luxembourg, suivant son testament ».

P. 834. — Jean du Bellay gardant l'évêché du Mans jusqu'à sa mort.

« Cela n'est pas vray. Il s'en demit en faveur de Charles d'Angennes en 1557 et retint la présentation et collation des bénéfices quoiqu'il n'en eut plus le titre. Etrange abus de ces tems la ; c'étoit avant le concile de Trente ».

P. 869, l. 1. — L'évêque d'Angennes.

« En 1596, il fut député par le clergé pour faire des remontrances à Henry 4 sur des plaintes, dont il s'acquitta dignement et auec beaucoup d'honneur à Folembray où le Roi etoit. Cette harangue se void imprimée et est fort éloquente et très uiue ».

P. 870, l. dern. — Le même.

« Il faut voir les lettres du Cardinal d'Ossat qui luy donnent de grands éloges après sa mort.

« Il y a des procès verbaux des visites qu'il faisoit de son diocèse où l'on voit un zèle infatigable et les soiens *(sic,* infinis qu'il prenoit pour réformer la conduite des ecclésiastiques religieux et autres ».

L'écriture de ces annotations appartient à la fin du XVIIe siècle ; elle est d'une main ferme et exercée et offre beaucoup d'analogie avec la signature Hoyau, tracée sur l'une des gardes.

Quel est ce Hoyau ? L'absence de son prénom nous fait hésiter entre Honorat et François Hoyau, tous deux lettrés et érudits, tous deux fort capables d'avoir fait les annotations dont il s'agit.

1° Honorat Hoyau, procureur du Roi au siège de la prévôté royale du Mans, était un curieux émérite, un collectionneur distingué, en correspondance avec les érudits et les lettrés de son temps et notamment avec Ménage qui, dans son *Histoire de Sablé*, le remercie, à plusieurs reprises, des renseignements généalogiques qu'il lui a fournis (1). Nous n'avons ni la date de sa naissance, ni celle de sa mort.

(1) 2e partie, édit. in-18, p. 144, 185.

Nous savons seulement qu'en 1658 il était parrain de Jacques, fils de son frère François Hoyau, marchand cirier en la paroisse Saint-Nicolas, qu'il épousa Marie Drouard de la Caillère, qu'il eut un fils, également nommé Honorat, baptisé à Saint-Nicolas le 8 novembre 1674, qu'à ce moment il était déjà procureur du Roi en la prévôté.

2° François Hoyau, sieur de la Paillerie, trésorier des gardes du corps, né au Mans le 8 octobre 1664, était, lui aussi, d'une érudition variée autant qu'obligeante, bibliophile, correspondant de Gaignières et de dom Briant, « libre et hardi dans ses sentiments » ; il mourut en 1728, sans avoir été marié et sans avoir rien publié (1).

Nous inclinons à attribuer les annotations à Honorat. Elles semblent dans leur ensemble s'appliquer à un ouvrage de publication récente. Ce qu'elles ont de minutieux, de puéril même s'explique sous la plume d'un contemporain attentif aux moindres détails, prévoyant peut-être une seconde édition où ses observations pourraient trouver place. François Hoyau, né en 1664, n'aurait pu les écrire que cinquante ans après l'apparition du livre, quarante ans après la mort de l'auteur, tous deux déjà bien oubliés : piété, colères, redressements singulièrement rétrospectifs !

A côté du nom de Hoyau, sur la garde de l'exemplaire de l'*Histoire des Évêques* que possède la bibliothèque d'Alençon, se trouve celui de Tahureau, d'une date postérieure.

Ce Tahureau ne peut être l'aimable et doux poète que Sainte-Beuve a appelé le Parny du XVIe siècle. Né en 1527 au Mans, moissonné à vingt-huit ans, il était mort longtemps avant la naissance de Le Corvaisier (2).

---

(1) Le Paige, t. II, p. 252 ; — Belin de Béru, *Notes* manuscrites (communiquées par M. Chardon) ; — *Revue de Bretagne et de Vendée*, 1879, t. I, p. 105 ; — Hauréau, t. III, p. 357 ; — Communications de M. l'abbé Esnault.

(2) V. sur Jacques Tahureau l'excellente notice de M. Chardon (*Revue du Maine*, t. XVI, p. 297).

Constatons toutefois que, dès le XVIe siècle, existaient entre les Tahureau et les Hoyau, les relations dont le rapprochement de leurs noms atteste ici la persistance deux siècles plus tard.

Une des pièces de Jacques Tahureau, *contre les fous désirs des hommes*, est dédiée à Jacques Hoyau, seigneur de Beau-Chesne (1). Elle se termine, à la manière d'Horace, par un retour à l'amour et au vin. Ce n'est pas, du reste, une de ses meilleures. Voici la strophe consacrée à la folie des poètes :

> Mal-heureux l'homme qui s'amuse
> A trop peigner la pauvre Muse,
> Laquelle pour contentement
> Ne luy laisse en fin qu'une geinne
> D'ennuiz, de maux et d'erreurs pleine,
> Dedans la prison de tourment.

Dans une autre pièce *Aux Muses*, où il les convie à visiter le Maine qui leur offre tant de fervents disciples, il s'exprime ainsi :

> « Voyez ce beau lict de fleurettes,
> Voyez ces courtines proprettes,
> Qu'avec la Vayrie et Hoyau,
> Mon frère vostre Tahureau
> A part vous dresse, dans l'ombrage
> De ce fueillu sonnant bocage » (2).

Pierre Tahureau, lieutenant particulier en la sénéchaussée du Maine, baptisé le 24 avril 1673, mourut au Mans le 28 août 1747. Il avait épousé Françoise Hoyau, descendante pro-

(1) Edition Jouaust, 1870, t. I, p. 127.

(2) P. 167. L'auteur fait ici allusion aux travaux poétiques de son frère aîné Pierre Tahureau, qui est surtout connu comme jurisconsulte. C'est de ce dernier que descendait le lieutenant-particulier.

bablement de Honorat ou de François (1). Pierre Tahureau,]eur fils, se maria, le 2 mars 1739, en l'église Saint-Nicolas.

L'alliance entre les Tahureau et les Hoyau ainsi établie, on comprend très bien que l'exemplaire de l'*Histoire* qui portait les annotations de l'un des Hoyau ait passé aux mains de Pierre Tahureau et qu'il ait inscrit son propre nom à côté de celui de l'ayeul de sa femme.

Il avait été possédé plus tard par Morel (2), bibliophile alençonnais, dont il porte l'*ex-libris*, avec cette note « Très estimé et rare, 9¹ ».

Comment et à quelle époque a-t-il passé de sa bibliothèque dans celle de la ville d'Alençon ? Nous ne saurions le dire.

(1) *Mémoires de Nepveu de la Manouillère*, publiés par M. l'abbé Esnault, t. I, p. 118 ; — Communication de M. Chardon.

(2) Morel René-François, né à Alençon en 1742, mort dans la même ville en 1813. Il avait été avocat, puis chef d'institution pendant la Révolution. Il avait réuni une bibliothèque considérable, mais plus remarquable par le nombre que par le choix ou la condition des volumes, qui fut vendue aux enchères publiques en 1813, et dont les débris ont longtemps encombré les boutiques des bouquinistes d'Alençon.

Mon exemplaire provient de la même bibliothèque et porte cette note de la main de Morel : « rare et recherché, 9¹ ».

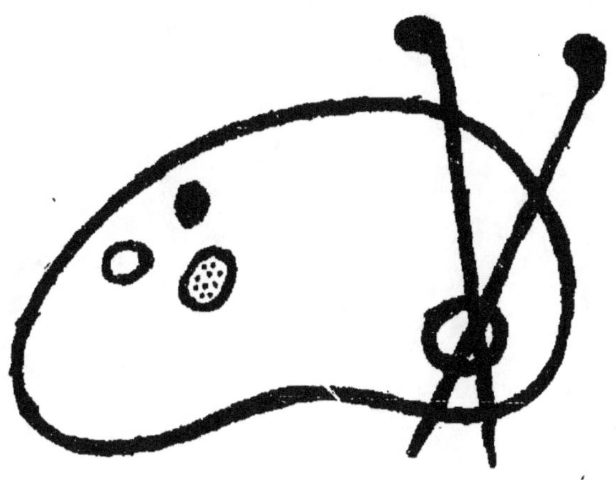

Original en couleur

NF Z 43-120-8